新疆生产建设兵团的历史与发展

（2014 年 10 月）

中华人民共和国
国务院新闻办公室

人民出版社

图书在版编目(CIP)数据

新疆生产建设兵团的历史与发展/中华人民共和国国务院新闻办公室 著.
-北京:人民出版社,2014.10
ISBN 978－7－01－014029－2

Ⅰ.①新… Ⅱ.①中… Ⅲ.①生产建设兵团-史料-新疆 Ⅳ.①F324.1②F327.45

中国版本图书馆 CIP 数据核字(2014)第 227175 号

新疆生产建设兵团的历史与发展
XINJIANG SHENGCHAN JIANSHE BINGTUAN DE LISHI YU FAZHAN
(2014 年 10 月)

中华人民共和国国务院新闻办公室

人 民 出 版 社 出版发行
(100706 北京市东城区隆福寺街 99 号)

北京新华印刷有限公司印刷 新华书店经销

2014 年 10 月第 1 版 2014 年 10 月北京第 1 次印刷
开本:787 毫米×1092 毫米 1/16 印张:1.5
字数:11 千字 印数:00,001—14,000 册

ISBN 978－7－01－014029－2 定价:8.00 元

邮购地址 100706 北京市东城区隆福寺街 99 号
人民东方图书销售中心 电话 (010)65250042 65289539

目　录

前　言

　　屯垦戍边是中国几千年开发和保卫边疆的历史遗产。中央政府在西域新疆大规模屯垦戍边始于 2000 多年前的西汉，以后历代沿袭。1949 年新疆和平解放，1954 年中央政府决定在新疆成立生产建设兵团。这是符合中国国情和新疆实际的战略举措，也是历史经验在新的历史条件下的继承和发展。

　　60 年来，新疆生产建设兵团白手起家，艰苦奋斗，忠实履行着国家赋予的屯垦戍边的光荣使命。广大兵团军垦职工栉风沐雨，扎根边疆，同当地各族人民一道，把亘古戈壁荒漠改造成生态绿洲，开创了新疆现代化事业、建成了规模化大农业、兴办大型工矿企业，建起了一座座新型城镇，充分发挥了生产队、工作队、战斗队的作用。兵团为推动新疆发展、增进民族团结、维护社会稳定、巩固国家边防作出了不可磨灭的历史贡献。

　　值此新疆生产建设兵团成立 60 周年之际，特发表白皮书，全面介绍兵团的历史和发展状况，以助国际社会了解和认识兵团发挥什么样的作用、兵团是一个什么样的社会组织、兵团人是一个什么样的社会群体。

一、建立与发展

新疆地处中国西北边陲。新疆生产建设兵团是在特殊的地理、历史背景下成立的。

1949年新疆和平解放时,当地经济是以农牧业为主体的自然经济,生产力水平低下,生产方式落后,发展处于停滞状态,人民生活贫苦不堪。为巩固边防、加快发展,减轻新疆当地政府和各族人民的经济负担,1950年1月,驻新疆人民解放军将主要力量投入到生产建设之中,当年实现粮食大部分自给、食油蔬菜全部自给。1953年,新疆军区将所属部队整编为国防部队和生产部队两个部分,其中生产部队建有军垦农牧团场43个,拥有耕地77.26千公顷。同时还兴办工业、交通、建筑、商业企业和科技、教育、文化、卫生等事业单位,为之后组建生产建设兵团奠定了基础。

1954年10月,中央政府命令驻新疆人民解放军第二、第六军大部,第五军大部,第二十二兵团全部,集体就地转业,脱离国防部队序列,组建"中国人民解放军新疆军区生产建设兵团"，接受新疆军区和中共中央新疆分局双重领导，其使命是劳武结合、屯垦成边。兵团由此开始正规化国营农牧团场的建设，由原军队自给性生产转为企业化生产，并正式纳入国家计划。当时，兵团总人口17.55万。此后，全国各地大批优秀青壮年、复转军人、知识分子、科技人员加入兵团行列，投身新疆建设。从1956年5月起，兵团受国家农垦部和新疆维吾尔自治区双重领导。

1962年，新疆伊犁、塔城地区先后发生了边民越境事件。根据国家部署，兵团调遣了1.7万余名干部、职工奔赴当地维护社会治安，施行代耕、代牧、代管，并迅速在新疆伊犁、塔城、阿勒泰、哈密地区和博尔塔拉蒙古自治州等长达2000多公里的边境沿线建立了纵深10公里到30公里的边境团场带。这对于稳定新疆、维护国家边防安全发挥了不可替代的重要作用，改善了国家西北边防的战略态势。到1966年底，兵团总人口达到148.54万，拥有农牧团场158个。

"文化大革命"（1966—1976年）期间，兵团屯垦成边事业受到严重破坏。1975年3月，兵团建制被撤销，成立新疆维吾尔自治区农垦总局，主管全疆国营农牧团场的业务工作。1981年12月，中央政府决定恢复兵团建制，名称由原有的"中国人民解放军新疆军区生产建设兵团"改为"新疆生产建设兵团",兵团开始了二次创业。30 多年时间里,兵团对国有农牧场进行了大包干责任制、兴办职工家庭农场、企业承包经营责任制、发展多种经济成分等方面的改革,兴办工业,建设城镇,兵团的屯垦戍边事业不断迈向新的阶段。

60 年来,兵团以屯垦戍边为使命,遵循"不与民争利"的原则,在天山南北的戈壁荒漠和人烟稀少、环境恶劣的边境沿线,开荒造田,建成了一个个农牧团场,逐步建立起涵盖食品加工、轻工纺织、钢铁、煤炭、建材、电力、化工、机械等门类的工业体系,教育、科技、文化、卫生等各项社会事业取得长足发展。截至 2013 年底,兵团下辖 14 个师,176 个团,辖区面积 7.06 万平方公里,耕地 1244.77 千公顷,总人口 270.14 万,占新疆总人口的 11.9%。

二、职责与体制

新疆生产建设兵团是新疆维吾尔自治区的重要组成部分。兵团承担着国家赋予的屯垦戍边职责,实行党政军企合一体制,是在自己所辖垦区内,依照国家和新疆维吾尔自治区的法律、法规,自行管理内部行政、司法事务,在国家实行计划单列的特殊社会组织,受中央政府和新疆维吾尔自治区双重领导。

屯垦戍边是国家赋予兵团的职责。兵团的"屯垦",以现代农业开发为基础,同时大力发展第二、第三产业,着重保护和改善生态环境,促进新疆的社会进步与民族团结。兵团的"戍边",一方面守卫国家边防,另一方面维护国家统一和新疆社会稳定,防范和打击恐怖势力的犯罪破坏活动。20世纪80年代后,分裂势力、宗教极端势力、暴力恐怖势力等"三股势力"及其破坏活动成为影响新疆社会稳定、危害国家统一的严重威胁,兵团戍边的重点转移到防范和打击"三股势力"破坏活动的任务上。

1990年中央政府批准兵团在国家实行计划单列。兵团在继续作为新疆维吾尔自治区的重要组成部分、接受自治区领导的同时,逐渐由中央政府有关部门对口管理。这种双重领导体制的建立,是兵团行政隶属关系上的创造性变革,有利于中央与自治区对兵团的协调领导,有利于兵团履行肩负的各项职责,理顺了兵团与国家机关各部门的关系,进一步推动了兵团事业的发展。多年来,中央政府对兵团在公共服务和公共安全、教科文卫、农林水事务等领域给予政策支持和资金投入,为兵团经济社会发展注入了强大的活力和新的生命力。

兵团实行党政军企高度统一的特殊管理体制。兵团各级都建有中国共产党的组织,发挥着对兵团各项事业的领导作用。兵团设有行政机关和政法机关,自行管理内部行政、司法事务。兵团是一个"准军事实体",设有军事机关和武装机构,沿用兵团、师、团、连等军队建制和司令员、师长、团长、连长等军队职务称谓,涵养着一支以民兵为主的武装力量。兵团也称为"中国新建集团公司",是集农业、工业、交通、建筑、商业,承担经济建设任务的国有大型企业。兵团的党、政、军、企四套领导机构与四项职能合为一体。

兵团全面融入新疆社会,所属师、团场及企事业单位分布于新疆维吾尔自治区各地（州）、市、县（市）行政区内，主要由兵团自上而下地实行统一领导和垂直管理。在战略地位重要、团场集中连片、经济基础好、发展潜力大的垦区，设有7个"师市合一"的新疆维吾尔自治区直辖县级市和5个"团（场）镇合一"的建制镇，由兵团实行统一分级管理。"师和市"、"团（场）和镇"党政机构设置均实行"一个机构、两块牌子"。

三、开发与建设

　　兵团的经济建设是新疆维吾尔自治区经济建设的重要组成部分。长期以来,特别是改革开放后,兵团充分发挥自身优势,积极适应市场经济要求,调整经济结构和转变发展方式,大力推进城镇化、新型工业化和农业现代化建设,着力保护生态环境,改善民生,促进就业,提高公共服务和社会保障水平,各项事业取得显著成就。

　　不断提升综合经济实力。2013 年兵团生产总值达1499.87 亿元人民币,比兵团成立时的 1954 年增长了 220倍,年均增长 9.6%;比 1981 年兵团恢复时增长了 22.9 倍,年均增长 10.4%。农业基础地位进一步加强,新型工业化进程加快,工业成为主导产业,第三产业在经济发展中的作用日益突出。2013 年,三次产业结构比为 29.0∶41.8∶29.2。

　　大力推进城镇化建设。在中央和自治区的统一领导和规划下,兵团以人口分布、土地利用空间为重点,统筹产业布局和城镇布局,按照"师市合一、团镇合一"的原则和师建城市、团场建镇的思路,大力推进城镇化进程。截至目前,兵团已建成阿拉尔市、铁门关市、图木舒克市、双河市、五家渠市、石河子市、北屯市等 7 个县级市和金银川镇、草湖镇、梧桐镇、蔡家湖镇、北泉镇等 5 个建制镇,初步形成以城市、垦区中心城镇、一般团场城镇、中心连队居住区为发展架构,与新疆城镇职能互补,具有兵团特色的城镇体系,城镇化率已达 62.3%。城镇基础设施明显改善,公共服务设施不断完备,城镇规划、建设、管理、服务水平显著提高。兵团城镇已经逐步发展为区域的经济和文化中心,成为人口、资金、产业、人才、文化、教育、医疗卫生等资源的集聚之地,推进了新疆城镇化进程。石河子市 2000 年被联合国评为人类居住环境改善良好范例城市,2002 年被正式命名为国家园林城市。

大力推进新型工业化建设。兵团的工业从农副产品加工业起步,逐步形成以轻工、纺织为主,钢铁、煤炭、建材、电力、化工、机械等多门类的工业体系,为新疆现代工业发展奠定了基础。21 世纪初国家实施西部大开发战略以来,兵团立足新疆资源和地缘优势,形成了食品医药、纺织服装、氯碱化工和煤化工、特色矿产资源加工、石油天然气化工、新型建材和装备制造等支柱产业。由兵团生产的节水灌溉器材、番茄制品、棉纺锭等产量和规模名列全国前茅。2013

年,兵团实现工业增加值 426.61 亿元人民币,比上年增长 27.8%,占兵团生产总值的 28.5%,工业对兵团生产总值的贡献率达 45.3%。

大力推进农业现代化建设。农业是兵团的基础产业和优势产业。兵团始终坚持走农业现代化之路,大规模引进、吸收、研发和推广先进生产技术,持续开展规模化、机械化、现代化国营农场建设,开创了新疆现代农业的先河。2007 年以来,兵团大力推进全国节水灌溉示范基地、农业机械化推广基地、现代农业示范基地等"三大基地"建设,在节水灌溉、农业机械和植物育种与栽培、牲畜育种与饲养等先进技术的引进和研发上取得突破,并在全疆大规模推广应用。依靠科技创新和组织化规模化的优势,兵团的农业现代化建设取得显著成效。2013 年,兵团高新节水灌溉占有效灌溉面积的 74.4%,综合机械化水平达 92%,农作物精量半精量播种面积 857.20 千公顷、测土配方施肥面积超过 682.33 千公顷。兵团已建成国家重要的优质商品棉和特色林果生产基地。棉花总产量达 146.52 万吨,分别占新疆及中国棉花总产量的 41.6% 和 23.2%,棉花单产、机械化率、人均占有量连续多年位居全国首位。番茄、红枣、苹果、香梨、葡萄、核桃、薰衣草等特色农产品已形成优势,有 91 个农产品被评为中国和新疆名牌或驰名商标。

着力加强生态文明建设。兵团多数团场建在沙漠边缘和边境沿线,是抵御风沙袭击、保护新疆绿洲的第一道屏障。多年来,兵团把区域生态环境建设摆在突出位置,通过大规模植树造林、兴修水利、防风固沙、排盐治碱、节水灌溉,对800千公顷的荒漠植被采取封沙育林育草等措施,逐步建起环绕塔克拉玛干和古尔班通古特两大沙漠的绿色生态带,形成乔木、灌木、草场结合的综合防护林体系,在茫茫戈壁荒漠上建成了绿洲生态经济网。通过大力推广喷、滴、微灌等节水技术,年农业节水量超过10亿立方米,增加了向下游河道的下泄水量,一些已经萎缩甚至干涸的湖泊重现生机,改善了沙漠边缘的生态环境,创造了"人进沙退"的奇迹。至2013年,兵团建成近3000千公顷的人工新绿洲,森林覆盖率达20%;绝大多数团场实现了农田林网化,80%以上农田得到林网的有效保护。

着力改善民生。兵团始终把保障和改善民生放在优先位置,着力解决好职工群众最关心最直接最现实的利益问题,促进社会公平正义,增进职工群众福祉,实现发展成果更多更公平惠及职工群众。经过多年努力,兵团的居民收入、住房、社会保障、就业等民生水平有了相当程度的提高。

2013 年,兵团城镇居民人均可支配收入 2.31 万元人民币、团场农牧工家庭人均纯收入 1.43 万元人民币、在岗职工平均工资 4.40 万元人民币,分别比上年增长 17.8%、18.2%、17.4%;近几年,兵团累计投入 347.8 亿元人民币改善民生,开工建设城镇保障性住房 14.3 万户,实施城镇棚户区改造 7.2 万户,完成农村安居工程 5.5 万户。截至目前,已有 70% 以上的职工群众迁居新房。城镇居民养老保险实现全覆盖,参加基本医疗保险 226.48 万人,9.4 万人享受最低生活保障,20 多万人次得到医疗救助。2013 年,兵团从业人数达 125.34 万人,在岗职工 71.11 万人,全年新增劳动力就业 8.57 万人,年末城镇登记失业率 2.55%。

全面发展社会事业。兵团建立了从幼儿教育到大学教育的完整教育体系,实现了基本普及九年制义务教育和基本扫除青壮年文盲。截至 2013 年,兵团拥有普通和成人高等学校 7 所、中等职业学校 24 所、普通中学 243 所、小学 55 所,各民族在校生 48.13 万人。兵团的科技事业不断发展,拥有农垦科学院等科学研究与技术开发机构 18 个,各类专业技术人员约 12 万人。建有各类重点实验室 14 个,企业技术中心 40 个,工程技术研究中心 24 个。兵团公共文化服务体系建设步伐加快,建立了影剧院、文化馆、博物(纪念）馆、图书馆（室）、文化广场等一批文化活动场所,拥有专业文艺团体 8 个、业余文艺团队数百个,广播电视播出机构 197 座、网站 66 家,广播、电视综合覆盖率分别达到 97% 和 98.8%,公开出版发行报刊杂志 35 种,每年出版各类文化图书 100 多种。兵团不断加大医疗卫生投入,建立了较为完善的公共卫生服务体系,医疗卫生条件不断改善,职工群众健康水平得到明显提高。拥有各类卫生机构 1348 个,各类卫生技术人员 2.48 万人,平均每千人拥有执业（助理）医师 3.18 人、注册护士 3.89 人、医院床位 10 张。2013 年人口死亡率为 4.94‰,婴儿死亡率为 7.56‰,人均期望寿命 76.79 岁。

不断提升对外开放水平。兵团发挥农业生产及农副产品加工领域的产业特长,大力发展口岸经济和物流产业,积极开拓中亚及欧洲等国际市场,进出口商品的品种和总量逐渐扩大。目前,兵团已拥有 5 个国家级经济技术开发区和 24 个自治区、兵团级园区,与 160 多个国家和地区建立了经贸关系,与 20 多个国家和地区开展经济技术合作。2013 年,兵团进出口总额达 115.91 亿美元,其中货物出口额 103.7 亿美元,对外承包工程和劳务合作营业额 5.42 亿美元。

兵团各项事业取得重大成就,是一代代兵团人实践"热爱祖国、无私奉献、艰苦创业、开拓进取"的兵团精神的结果。60年来,兵团人克服罕见的生存、生产困难,扎根边疆,报效国家,在天山南北、亘古荒原上创造出人类发展奇迹。兵团的发展,也是在中央政府、新疆维吾尔自治区和全国各省市长期支持帮助下实现的。多年来,中央财政对兵团的投入力度逐步加大。2010年中央政府明确提出,对自治区的支持政策,兵团同样适用;对困难地区和对口支援的政策,所在地兵团师团场同样适用。新疆维吾尔自治区向兵团划拨土地、草场和水利资源、矿山资源,拨售机器设备,出台适用于兵团的政策,直接支持兵团的开发与建设,促进兵团与地方经济的融合发展。全国其他各省市也以对口的形式向兵团提供了大量的资金、技术和人才支援,对兵团的经济社会发展起到了重要作用。

四、维稳戍边与促进民族团结

新疆陆地边境线漫长,戍守边防是国家赋予兵团的重要职责。兵团从组建开始,就是一支高度组织化的准军事力量。多年来,兵团坚持亦兵亦民、劳武结合、兵民合一,拥有一支数量足够、素质较高的民兵武装力量和兵团武警部队,一手拿枪,一手拿镐,与军队、武警和各族群众建立起边境安全联防体系,在维护国家统一和新疆社会稳定、打击暴力恐怖犯罪活动中发挥出特殊作用。

兵团的边境团场是戍边的重要力量。兵团对边境团场实行团场包面、连队包片、民兵包点的生产与守边双承包责任制,实行兵团值班民兵连队与当地驻军、武警和地方民兵四位一体的军民联防机制,共同维护国家边防安全。按照国家的战略部署,兵团不断加强边境团场建设的力度。从2000年起,兵团在边境团场实施以危旧房改造、饮水、交通、文化、就医、电视广播、环境卫生等为重点的"金边工程",发挥区位优势实施沿边对外开放,开展区域对外经贸、文化交流合作,进一步改善了职工群众的生产生活条件,增强了边境团场的凝聚力、吸引力,提升了边境团场戍边的综合实力。

维护新疆稳定是兵团的重要职责,也是实现长治久安的现实需要。20世纪80年代以来,"三股势力"破坏活动对新疆社会稳定的危害日益凸显。针对这种情况,根据统一部署,兵团所属师、团、连和企事业单位建立了应急民兵营、连、排,随时应对各种暴力恐怖突发事件。在反恐维稳斗争中,兵团发挥了特殊作用。尤其是1990年阿克陶县巴仁乡"4·5"事件、1997年伊宁"2·5"事件发生后,兵团民兵发挥熟悉情况、就近就便的优势,快速反应、迅速出击,与武警部队和各族群众携手联动,共同打击暴恐犯罪,维护了社会稳定。2009年乌鲁木齐"7·5"事件发生后,兵团迅速组织民兵担负起执勤、巡逻和对重点目标的守卫任务。当前,兵团正着力建设全国一流民兵队伍,建立融生产、训练、执勤、应急于一体的民兵常态化轮训备勤机制。

新疆是多民族地区,民族团结是国家统一和新疆社会稳定的最长远的根本问题。兵团高度融入新疆社会,长期与地方各民族毗邻而居、和睦相处、守望相助,构成各民族相互交往交流交融的"嵌入式"社会发展模式,做到了边疆同守、资源共享、优势互补、共同繁荣。60年来,兵团坚持为新疆各族人民服务的宗旨,积极支援地方建设,为各族群众办好事、办实事。兵团医疗机构常年组织医疗队深入地方农村、牧区开展巡回医疗,防病治病,送医送药。兵团在修建各种水利、道路等工程时,同时考虑地方各族人民的利益,使兴修的各项工程成为兵地双方受益的"两利工程"。20世纪50年代,为支持新疆工业发展,兵团把已经建设起来的规模较大的一批工交建商企业无偿移交给地方。60年代中期,兵团每年拿出800多万元人民币专项资金帮助地方进行农田规划建设。80年代初兵团恢复后,连续5年投资9000多万元人民币,支援喀什、塔城等地区兴办农田水利建设,并与地方共建文明单位400多个。90年代以来,帮助地方建设"双语"幼儿园和"双语"学校,培训"双语"教师。1999年开始,连续14年在北疆7个师的57个团场,接收来自南疆四地州32个县(市)15批2156名基层少数民族干部挂职锻炼培训。进入21世纪后,兵团与地方大力发展融合经济,建立起经济联合体87个,合作项目200多个。兵团还常年抽调大批科技人员,为地方举办种植、养殖、农机等各类培训班,向各族农牧民传授和推广各类先进技术。兵地相互支援、融合发展,促进了各民族交往交流交融。

兵团有汉、维、哈、回、蒙古、锡伯、俄罗斯、塔吉克、满等37个民族,少数民族人口达37.54万人,占总人口的13.9%,有37个少数民族聚居团场。兵团把加快少数民族聚居团场发展作为改善民生的重中之重,加大政策支持和扶贫开发力度。近年来,兵团共实施少数民族聚居团场建设项目114个,总投资10.8亿元人民币,项目涉及城镇基础设施建设、安居工程、设施农业、畜牧养殖业等多个领域。2012年,兵团37个少数民族聚居团场实现生产总值111.03亿元,比上年增长42.8%,比兵团平均水平高出24.4个百分点。

兵团全面贯彻国家的民族宗教政策,促进宗教和谐,尊重和保护少数民族风俗习惯,倡导民族和谐发展、文化共同繁荣、民俗相互尊重。多民族聚居的状况,使兵团具备了传播先进文化、弘扬中华文化,不断吸纳融合新疆民族文化,在边疆地区促进一体多元中华民族文化发展的基础。在兵团,文化的相互交流进一步增进了各民族成员之间的了解和认同,推进了新疆中华民族先进文化的建设,增强了边疆地区中华民族的凝聚力。

斗转星移,兵团走过了不平凡的60年。

当前,中国各族人民正在为实现中华民族伟大复兴的中国梦而努力奋斗,新疆正处于实现社会稳定和长治久安的关键时期。支持兵团发展壮大是中央政府的一贯方针,发挥好兵团的维稳成边特殊作用是国家的长远大计。新形势下,兵团建设只能加强不能削弱。

兵团正处在新的历史起点上,兵团的发展面临前所未有的机遇。在新的历史时期,兵团要当好安边固疆的稳定器、凝聚各族群众的大熔炉、汇集先进生产力和先进文化的示范区,壮大实力,深化"兵地融合"发展,聚焦新疆社会稳定和长治久安总目标,履行好中央赋予的各项职能。

有中央政府的坚强领导和支持,有全国人民的积极支援,有新疆维吾尔自治区和各族人民的大力帮助,有兵团60年发展打下的坚实基础,完全有理由相信,兵团的明天一定会更加美好!